Elisabet Plünnecke
Entdeckungen beim Altwerden

Elisabet Plünnecke

Entdeckungen beim Altwerden

*Mit Federzeichnungen
von Nikolaus Stark*

Schwabenverlag

Annehmen

Nun bin ich alt, ja, und werde jeden Tag um einen Tag älter. So ist es, unausweichliche Realität. Also nehme ich es selbstverständlich, gelassen an. Ich konnte es nie verstehen, wenn Menschen ihr Alter verstecken, das Jahr ihrer Geburt verheimlichen wollten. Wie töricht! Sie hätten doch höchstens ein Kompliment geerntet: »Sie sehen viel jünger aus.« Doch ist das – andersherum betrachtet – auch wieder kein Kompliment für einen vernünftigen erwachsenen Menschen, sondern eine Form des Mitläufertums in der Jugendlichkeitssucht. Als ob Alter beschämend, Schande wäre. Alter ist weder Schande noch Verdienst. Ich brauche mir auf mein Alter nichts einzubilden. Aber ich will meinem Alter entsprechen. Ich will keinen Tag, keine Stunde jünger sein, als mein Leben bis dato hier währt. Ich will kein junges Gänschen mehr sein, mit einem ausdruckslosen, glatten Gesicht und all den Schwierigkeiten und Unsicherheiten der Jugend; ohne Erfahrung und ohne Erlebnisse, ohne die Erinnerungsschätze, die tausend Geschichten. Auch ohne die tausend begangenen Fehler, aus denen man weiterlernen konnte – nichts ist so lehrreich. Und ohne die tausend Menschen, denen ich begegnen durfte.

Deren Namen ich mir aber nicht mühsam zu merken brauche. Ich erlebe es mit Interesse und Amüsement, wie sich mein Gedächtnis verändert. Auch so eine endlose, ganz sinnlose Klage: »Ich kann mir nichts mehr merken.« Das ist ja der Fortschritt beim Altwerden: daß das Langzeitgedächtnis das Kurzzeitgedächtnis ablöst. Ich erlebe mit Spannung den Übergang. Ich nehme ihn an als allgemein menschliche Realität und eigentlich als

Geschenk. Wozu soll ich mein kostbares Gehirn mit Kleinkram des letzten Tages vollstopfen? Wichtiges schreibe ich auf. Was mir sehr wichtig ist, bleibt mir ohnehin im Gedächtnis. Eine gute Gelegenheit, einmal zu prüfen, was mir wichtig ist: sehr überraschend.

Aber nun steigt als Gegenleistung zum Verblassen des Unnützen von heute und gestern die Fülle der frühen Erinnerungen auf: Anfänge, Kindheit, erste prägende Eindrücke, Herkunft, Kinderverse, Bilderbücher, Spiele, erste Begegnungen mit Literatur, Dichtung, Auswendiggelerntes aus der Schulzeit. Nein, das sind keine bewunderungswürdigen Gedächtniskünstler, die mit neunzig noch Gedichte der Schulzeit aufsagen können. Das sind ganz normale alte Menschen mit ihrem Alters-Langzeitgedächtnis, das sie beschenkt und erfreut. Und das ihnen gut tut, wenn sie nicht in die Versuchung geraten, sich ausschließlich mit Vergangenem zu befassen, sich abzuschotten gegen den Augenblick. Dann gerieten sie schon in die Gefahr, jenen alten Menschen zu gleichen, die nicht erst heute, sondern zu allen Zeiten häßlich dargestellt wurden: Menschen, die gar nicht mehr richtig da sind, die nichts mehr begreifen von dieser Zeit und dieser Welt, die immer nur von der »guten alten Zeit« schwärmen und alles Gegenwärtige verteufeln, sich selbst und ihrer Umgebung mit dauerndem Schimpfen und Jammern das Leben vergällen.

Natürlich werden mir allerlei Bremsen angelegt:
Arthrose in den Gelenken. Zuerst gehen die hohen
Töne den Ohren verloren. Grund zu Trübsinn und
endlosen Klagen? Oder Lektion zur Einsicht, daß
ich jetzt nicht mehr zu rennen habe und gar nicht
mehr alles gehört haben muß, sondern besser Zeit
fände, auch endlich etwas zur Besinnung zu kommen. Aber das ist mir auch klar: daß Alter nicht
nur Ruhe sein darf. »Ruhe-Stand« ist ein dummes
Wort, das zu falschen Erwartungen und Haltun-
gen, zu Verweigerungen führen kann. Das Leben

geht immer weiter, steht niemals still. Gerade wenn es meine Aktivität bremst, mich vielleicht in Passivität, gar die Passion zwingt, so ist das doch kein Ruhe-Stand, sondern Weitergehen und Weiterlernen, Fortgang und Fortschritt.

Habe ich Angst davor? Vor Krankheit, Leiden, Hilfsbedürftigkeit, Sterben, Tod? Keine Angst vor der Angst! Sie ist nicht beschämend, sondern ganz menschlich. Jesus, Mensch und unser Bruder, hatte auch Angst. Doch habe ich als alter Mensch den Jungen die Ruhe und Gelassenheit voraus, das Wissen: Wenn mich jetzt im Alter eine unheilbare Krankheit trifft, wird sie nicht mehr sehr lange dauern. Das ist anders als bei einem jungen Menschen, der etwa eine Querschnittslähmung erleidet und nun ein ganzes Leben im Rollstuhl verbringen wird.

Erwarten

Kein Ruhe-Stand im Ruhestand, auch wenn die äußere Beweglichkeit gebremst, verlangsamt wird, wenn das Gedächtnis auf größere Distanzen, die Augen auf die Weite eingestellt werden, die Ohren manche Töne überhören. Mit dem Beginn des Alterns hört das Leben nicht auf. Vor seiner Todesstunde kann kein Mensch sagen, er habe das Leben hinter sich.

Altern beginnt ja auch gar nicht erst mit dem 65. oder dem 70. Lebensjahr, sondern mit der Geburt oder schon mit der Empfängnis. Der Embryo, das Baby, beide werden mit jedem Tag, jeder Stunde, jeder Minute älter. Und dieses Altern geht sogar in den früheren Jahren schneller vor sich als im hohen Alter. Ein Zwanzigjähriger hat gegenüber einem Baby schon tiefergreifende Versteifungen hinter sich als ein gesunder Siebzigjähriger gegenüber dem Jüngling.

Darum lohnt es nicht, darüber nachzugrübeln, wann denn das Alter beginne, ob man jetzt alt sei, obwohl man sich im Herzen noch jung fühle. Was für ein dummes Gerede! Welche Verachtung des Alters, wenn ein alter Mensch von sich sagt, sein Herz sei viel jünger als seine Jahre. Welche Beleidigung in dem so gern gehörten Kompliment, man

sei trotz des hohen Alters noch jung. Ich will doch nicht infantil bleiben, sondern endlich erwachsen, reif, alt werden, auch mit meinem Herzen und Verstand diesem Reifegrad entsprechen, also auch im Herzen alt sein.

Welche Zeitvergeudung überhaupt, immerzu an sein Alter zu denken oder davon zu reden, andere

damit zu langweilen. Jesu energischen Rat, nicht
für morgen zu sorgen, sondern heute da zu sein,
verstehe ich auch als Weisung, nicht immer nach
rückwärts oder nach vorne zu rechnen. Ich bin
sehr kostbar, ein einmaliger Gedanke Gottes, ein
Original, wenn ich mich nicht zum Mitläufer de-
gradiere. Ein Original, ob ich nun 18 bin oder 88.
Und ich lebe heute, aufmerksam, erwartungsvoll
für diesen Tag, seine Aufgaben und Geschenke,
Begegnungen und Anrufe. Dann muß ich wieder
schlafen. Das ist weise eingerichtet. Morgen ist
der nächste Tag, mir geschenkt und aufgetragen.

»Neugierig bleiben« wird alten Menschen geraten. Ein guter Rat. Es ist richtig zu verstehen: Neugier meint nicht, durch Schlüssellöcher schauen, Sensationen von Nachbarn oder von billigen Blättchen erwarten. Besser wäre zu sagen: »Aufmerksam bleiben«, noch besser: »Aufmerksamer werden«. Gerade wenn die Beweglichkeit gebremst wird, kann ich aufmerksam sehen, hören, riechen, schmecken, fühlen, aufnehmen, erfassen, nachdenken, antworten.

Das Wissen, daß meine Tage gezählt sind, muß mich doch dazu verführen, ganz aufmerksam zu leben, jede Minute voll auszukosten, keine zu versäumen. Jede ist doch ein kostbares, einmaliges Geschenk: die Tages- und die Jahreszeiten, Licht und Schatten, Pflanzen und Tiere, Vogellaute, Stimmen, Musik, Düfte des Gartens, der Küche, Wohlgeschmack, Gewürze, Berührung von Stoffen und von einer Hand.

Aber vor allem Menschen sind Geschenk. Auch wenn sie nur vorübergehen. Man kann, man darf sie nicht festhalten. Menschen sind niemals Besitz. Aber es ist kostbar, sie zu erleben im Kommen und Gehen. Genießen wir das Geschenk der Menschen, ihr immer überraschendes Anderssein. Wären alle gleich, dann hätten wir uns nichts zu sagen, zu bieten, zu schenken. So aber keine Minute Langeweile bis zum letzten Tag.

Nichts Neues mehr im Alter? Ein träges Vorurteil. Das Gegenteil ist richtig. Junge Menschen können lange zusammenbleiben, mit den Freunden, dann mit dem Partner, mit der Familie. Alte Menschen müssen viel mehr Abschied nehmen: Partner, Freunde gehen weg, sterben. Wer in Traurigkeit versinkt, sich verschließt, wird bitter einsam. Nach der Zeit der Trauer, der Trauerarbeit muß der Mensch sich wieder auftun, aufmerksam werden für andere Menschen, für neue Begegnungen. Das ist seine Aufgabe. Nie ist er dafür zu alt. Aufmerksame, interessierte, offene alte Menschen haben für die Jungen, gerade die Generation der Enkel, eine faszinierende Anziehungskraft.

Ein reifer alter Mensch schaut trotz, nein, mitsamt seiner Schatztruhe der Langzeit-Erinnerung erwartungsvoll nach vorn. Nichts ist ihm sicherer als der Tod, der ganz sichere große Unbekannte. Er wird sich mit ihm vertraut machen: mit dem Menschengeschick des Kommens und Gehens, mit dem Gang nach Hause, in eine der Wohnungen im Haus des Vaters, die Jesus zu bereiten vorangegangen ist. »Zu Gott, der alle Tränen abwischen wird«: so liebenswürdig läßt es die Bibel ahnen. Sie will damit keine Schlüssellochblicke ins Jenseits befriedigen, sondern das Vertrauen nähren und die Freude darauf, sich überraschen zu lassen.

Aufräumen

Genießen wir die Freiheit unserer Zeit! Wir müssen nicht mehr wie früher um unseren guten Ruf fürchten, wenn die Wohnung nicht früh am Tag schon absolut stäubchenfrei, restlos aufgeräumt wie das Schaufenster eines einfallslosen Möbelhauses aussieht. Wir haben gelernt – es schätzen gelernt –, daß Wohnungen zum Gebrauch, zum Wohnen, nicht zum prahlenden Vorzeigen da sind. Keine Angst also vor Nachbarblicken.

Doch mir zuliebe werde ich das Chaos nicht obsiegen lassen. Es tut mir einfach gut, wenn ich nicht ständig suchen muß, wenn Dinge am rechten Platz sind. Zeit ist zu kostbar, um sie im Dauerkampf mit dem Chaos zu verschwenden. Meine Kräfte sind zu Besserem als für Suchaktionen, umständliche Wege zu den Dingen, die ich täglich brauche, bestimmt.

Verachte keiner die Mühe der Hände und vor allem die Anstrengung des Geistes, die Ordnung schaffen! Aufräumen, ordnen, sinnvoll unterscheiden, daß alle Dinge ihren rechten Platz bekommen, ist nicht der niedrigste Dienst. Gott selber war und ist sich nicht zu groß, Ordnung zu schaffen. Lesen Sie die Schöpfungsgeschichte der Bibel nach: Gottes Geist über dem Chaos schafft

Zu meiner Ordnung gehört auch, daß ich meine Finanzen überprüfe; ich will wissen, was mir jetzt im Rentenalter noch zur Verfügung steht, wie ich einzuteilen habe, damit ich nicht ins Übermaß, in Schulden oder in Geiz verfalle. Bin ich in den Genuß einer hohen Rente gekommen, so ist genug Not in der Welt, die meiner Bereitschaft zu teilen dringend bedarf. Ich hielte es für eine arge Schande angesichts der Not in der Welt, wenn man bei meinem Tod Reichtümer bei mir entdeckte.

Ordnung, unterscheidet, trennt, weist Licht und Finsternis, Tag und Nacht, Wasser und Erde, Meer und Land, Sonne und Mond ihr Reich zu, um Tag und Jahr zu ordnen.

Ordnen ist schöpferisches Tun. Ich ordne die Dinge meiner Wohnung, damit sie mir nützlich sind, mir dienen. Ich ordne meinen Tag, damit er mir gut tut, meinem Rhythmus entspricht. Ich lasse die Freiheit des Alters nicht zur besinnungslosen Schlamperei entarten. Ich lerne, wieviel Schlaf ich brauche, um erfrischt zu werden und nicht durch törichtes Übermaß an Ausschlafen, Mittagsruhe, Früh-Schlafengehen nur zu erlahmen und dann noch über Schlaflosigkeit zu klagen. Ich will gelassen leben ohne Hast und Oberflächlichkeit, doch nicht in träger Gemächlichkeit verhocken. Alles Tun, Essen und Beten, Gespräch und Briefeschreiben, Lesen und Hausarbeit sollen die ihnen gebührende Zeit, die ihnen angemessene Aufmerksamkeit finden.

Ist die Rente aber zu klein, nehme ich das Sozialamt in Anspruch, sachlich, ohne Verlegenheit. Es
steht mir zu, ist mein gutes Recht. Wenn heute
Menschen, die durch offenkundige und schlei-
chende Inflationen um Erspartes betrogen wurden, also sogenannte »Nur-Hausfrauen« sicher-
lich mehr als 40 Stunden pro Woche zum nicht
geringen Nutzen der Volkswirtschaft ohne Lohn
gearbeitet haben, einen Platz im Altersheim, gar
im Pflegeheim, nicht bezahlen können, muß der
unbeliebte Weg aufs Sozialamt nicht beschämt,
sondern sachlich gegangen werden.
Ordnung erstickt nicht die Phantasie, schafft vielmehr Raum. Wenn meine Wohnung einigermaßen
in Ordnung ist, kann ich überraschende Besuche

fröhlicher empfangen, notwendige Reisen rascher, weniger beschwert, antreten. Wenn mein Konto keine roten Zahlen aufweist, kann ich bei Notfällen tüchtiger hilfsbereit einspringen. Ordnung ist kein Hindernis, sondern ein federnder

Grund der Phantasie, wie ein Trampolin. Auf der Ordnung kann sie ungefährdet die höchsten Sprünge vollführen. Ich befinde mich mit meiner Ordnungsliebe in ganz guter Gesellschaft. Der bekannte Pädagoge Hartmut von Hentig hat die Frage nach seiner Lieblingsbeschäftigung mit »Aufräumen« beantwortet.

Ich denke, vor allem in meinem Alter wäre es auch passend und an der Zeit, wieder einmal mein Inneres, mein Herz aufzuräumen, Ordnung zu schaffen in meinen Gedanken, Träumen, Wünschen, den guten und den weniger guten.

Loslassen

Das Loslassen hängt noch mit dem gerade erörterten Thema, mit dem Aufräumen, zusammen. Ballast loslassen. Es ist tragisch zu sehen, wie manche Menschen ihre Wohnung und ihr Leben, ihren Tag und ihre Nächte – die dann schlaflos sind – mit Sorgen und Dingen belasten, die vielleicht kostbar sind, doch weder ihnen noch anderen nützen. Sie scheinen in der Illusion zu leben, ewig auf dieser Erde, in dieser Wohnung bleiben zu können, zu müssen. Aber es wäre doch gerade eine – sogar erleichternde – Aufgabe des Alters, Realist zu werden, nicht in Illusionen, Träumen, sondern in der ganzen Wirklichkeit zu leben.

Das ist kein Rat von mir an andere. Ich sage das alles auch, zuerst, zu mir selber. Ich bemühe mich, jeden Tag ein wenig aus meiner Vier-Zimmer-Wohnung loszulassen, wegzugeben, auszuräumen, damit ich eines Tages, zur rechten Zeit, ohne Panik in das eine Zimmer des Altersheims umziehen und mich in diesem Raum dann auch noch bewegen kann, nicht in Möbeln und Sachen ersticke. Wichtiger noch, schwerer natürlich, ist es, Menschen loszulassen, Kinder zuerst. Mütter wissen, daß die Nabelschnur nicht nur einmal, bei der Geburt, durchtrennt werden muß, sondern daß das immer wieder im Leben geschieht. Frühere Generationen, die so viele Kinder jung sterben sahen, haben es früher gelernt. Aber es sterben auch heute noch Kinder, junge Menschen, junge Ehepartner, Eltern, Freunde. Keiner soll den Schmerz unterdrücken. Tränen sind heilsam. Gefährlich wäre, Verstorbene eigensinnig festhalten zu wollen, etwa mit ständigen Vorwürfen gegen Ärzte, Krankenhäuser, Schwestern, daß sie nicht genug getan oder falsch behandelt hätten. Oder mit Selbstanklagen, daß man nicht gut genug zum Verstorbenen war. Wer ist gut genug? Wer bleibt nicht immer Liebe schuldig? Besser als sich endlos anzuklagen, wäre, versäumte Liebe nun Lebenden zuzuwenden.

Doch hat man Menschen nicht nur in den Tod loszulassen, sondern zuerst ins Leben. Menschen, gerade auch die nächsten, sind niemals Besitz. Das Wort verrät es: Besitz verschließe ich in der Truhe oder im Sack und setze mich darauf, damit mir nichts weggenommen wird.

Menschen sind nicht für Truhen und Säcke geschaffen. Die Liebe erstickte. Lernen wir doch von Gott, unserem Vater: Was riskiert er mit seinen Menschen, weil er ihnen die Freiheit geschenkt hat und sie über alles achtet; zuläßt, daß sie ihre Freiheit auch schrecklich mißbrauchen. Er weiß, daß es keine Liebe gibt ohne Atemraum, ohne Freiheit.

Sich selber loslassen! Sein Leben. Nein, das heißt nicht gleich sterben, sondern freier werden, weitergehen. Nur das Heute ist uns gegeben. Das Gestern müssen wir getrost Gott anvertrauen. Nicht zu viel berechnen, was hätte anders sein sollen. Das meiste ist nicht mehr zu ändern. Nur mich selbst darf ich fragen, was ich falsch gemacht habe, um daraus zu lernen, es heute besser zu machen. Und wenn da noch eine Schuld gutzumachen ist, dann gleich ohne Quälen und Zögern! Schwere Steine fallen dann von Menschenherzen.

Auch kein Prahlen mit gestern: »Was ich doch, als ich noch jung war, für ein prächtiger, tüchtiger Kerl war!« Die Jungen lächeln nur mitleidig und gelangweilt darüber. Und wenn ich wirklich so prächtig war und meinem Alter entsprechend noch prächtig weitergelernt habe, dann bin ich doch jetzt, im Alter, vielleicht mit Bremsen, ein noch viel feinerer Kerl, als ich es früher je sein konnte. Das spüren und respektieren die Jungen. Die Rolle, die man im Beruf spielte, erleichtert Loslassen! Was gibt es Schöneres, als keine Rolle mehr spielen zu müssen, Person, purer Mensch sein zu dürfen. Ein alter Handwerksmeister bekannte, daß das Glück des Ruhestands sei: nicht mehr Vorgesetzten zu gehorchen und vor allem, nicht mehr anderen befehlen zu müssen. Das schafft auch zwischen Großeltern und Enkeln das freie, gute Verhältnis, daß die Großeltern von direkten Erziehungspflichten frei sind und nur durch ihr souverän-gelassenes, verständnisvolles Dasein oft mehr zur Erziehung der Enkel beitragen als deren besorgte Eltern.

Sorgen für morgen loslassen. Sie nützen doch nie. Es kommt immer anders, sagt jeder und handelt dann doch nicht danach, macht sich das Heute mit der Sorge um morgen kaputt, seine Kraft, seine Nerven, die er morgen vielleicht dringend braucht, wenn da wirklich Schlimmes eintrifft, aber sicher ganz anders, als er es in seinen Sorgen sich dachte.

Ich glaube, es tut auch gut, im Alter die Fülle der Worte zu lassen. Auch im Gebet Gott nicht mehr so viel vorzureden, sondern den Vater, den Jesus zeigt, dankbar, glücklich, vertrauensvoll fragend anzuschauen.

Ausruhen

Ruhestand sei ein dummes Wort, habe ich behaup-
tet. Und nun empfehle ich: Ruhen Sie sich aus.
Warum ich dieses Wort »Ruhestand« nicht mag? –
Es klingt mir zu sehr nach Stillstand, nach Ende
und Unbeweglichkeit. Ausruhen geschieht dagegen doch meistens zwischen Bewegungen, auf Wegen, zwischen erfüllten Stunden oder Tagen. Das
darf ich, ja soll ich mir jetzt sogar gönnen. Wenn
ich losgelassen habe und weiterhin immer mehr
loslasse, kann ich es mir leisten, steht es mir zu.
Ich muß jetzt keine Karriere mehr aufbauen, muß
nicht mehr konkurrieren. Schon gar nicht mehr
mit den Jungen. Sonst würde ich mich lächerlich
machen, und das habe ich nicht nötig. Gelassen
kann ich jetzt Tag für Tag annehmen, alles genau
betrachten.
Der Autofahrer auf der eiligen Autobahn wird
sich hüten, Landschaft zu genießen. Er muß allein
die Straße, die Verkehrszeichen im Auge behalten.
Genauso geht es doch den meisten Menschen im
Beruf. Auch bei der Hausfrau und Familienmutter
heißt es ständig: keine Zeit verlieren, konzen-
triert, rationell arbeiten! Erst im Alter darf ich wieder wie ein genüßlicher Beifahrer die Welt, die
Landschaft, das Grün und die Wolken betrachten.

Noch viel lieber vergleiche ich mich mit dem Spaziergänger. Da ist das Tempo angemessener, noch menschlicher. Auch für ihn ist es besser, wenn er, um sich umzusehen, stehenbleibt oder sich niederläßt. Beim Gehen könnte er, wie Hans-guck-in-die-Luft, über Steine stolpern und stürzen.

Ausruhen weckt bei mir die Vorstellung einer Bank am Waldrand. Die Augen baden im Grün, sind entzückt vom zarten Farbenschleier der Wiesen, erfreuen sich an geruhsam weidenden Kühen. Dahinter sehe ich in meiner Phantasie wieder Wald, in der Ferne Hügel und Berge. Ich vernehme Stimmen, Geschwirr von Vögeln, Ameisenduft oder den Ruch von frisch geschnittenem Gras. Die Bank könnte genauso gut in einem Garten stehen, unter einem Baum oder an einem ruhigen Platz mit einem Brunnen.

Ich jage jetzt nicht mehr vorbei, mit Uhr und Terminkalender einem pünktlich zu erreichenden Ziel zu. Der Weg und das Verweilen sind so wichtig wie das Ziel. Mit meinen Gedanken bin ich nicht schon weit voraus, sondern einfach hier. Ich sehe, höre – nein – ich schaue, lausche, schnuppere, schmecke, fühle Sonne und Wind. Die Welt strömt einfach in mich ein. Nicht nur auf der Garten- oder Waldbank, sondern in vielen Situationen meines freien Alterslebens. Ich darf mir Zeit lassen – mir und den guten Dingen dieser Schöpfung, an denen ich früher oft achtlos in Geschäftigkeit vorbeigeeilt bin.

Jetzt kann ich auch besser unterscheiden, was wichtig tut und zum Leben wesentlich ist. Für Wichtigtuerei habe ich nur noch ein Lächeln übrig. Zum erfüllenden Ausruhen komme ich allerdings nur, wenn ich mir nicht einreden lasse, es sei fatal und traurig, einmal oder auch öfters allein zu sein. Normalerweise wird im Alter der Kreis der Menschen um mich kleiner. Ist das nur schmerzlich? Ist es nicht auch sinnvoll eingerichtet? Ich kann doch gar nicht mehr so viel verkraften. Wenn immer eine Menge um mich wäre, könnte ich mich keinem Menschen interessiert in Ruhe widmen.

Endlich kann ich Tages- und Jahreszeiten als Geschenke erleben, nicht nur als drängenden Pflichtstoff. Zu kurze Nachtruhe, Morgeneile, knappes Frühstück, überfüllte Bahnen, Stau auf allen Wegen, Termindruck im Beruf, Abendmüdigkeit, Gereiztheit, Kleben am dümmlichen Fernsehspiel muß es für mich nun nicht mehr geben. Dafür erlebe ich jetzt die kühle Verheißung des frühen Morgens ohne Eile, gebe mich windstiller Mittagsruhe hin, atme die Erfrischungen des Abends, sehe noch – oder wieder – Sterne in der Nacht. Ich erlebe und lebe mit das Steigen des Jahres, seine Blütenverschwendung, seine Reife, die Farbenpracht des Sterbens im Herbst, die versöhnliche Geduld des Winters.
Sich im Rhythmus der Natur zu bergen ist nicht heidnisch, denn die Natur ist unser Garten. Lesen Sie die ersten Seiten der Bibel: Für sich und seine Menschen schafft der Schöpfer unermeßliche Fülle. 360 000 Pflanzenarten, 1,2 Millionen Tiergattungen kennen wir bis jetzt. Von der Zahl der Sterne, Sonnen und Milchstraßen nicht zu reden. Manche erschrecken über das Ausmaß unseres Kosmos. Ich meine, wir sollten ihn öfters und interessierter betrachten. Schon um uns selbst, diese Stäubchen auf dem Sandkorn Erde, nicht so wichtig zu nehmen. Oder um uns selber sehr wichtig zu nehmen, jeden einzelnen von uns, der von diesem Schöpfer gewollt und unvorstellbar geliebt ist. Ruhen wir uns unter seinen Augen aus.

Fragen

Es ist traurig, ist »Ruhe-Stand« in einem weniger guten Sinne, wenn ein Mensch zu fragen aufhört, sich für nichts mehr, vor allem nichts Neues mehr interessiert. Wenn er sich verschließt: »Was soll ich mich mit dem neumodischen Zeug noch herumschlagen, meinen Kopf anstrengen? Zu meiner Zeit war doch alles besser.« Zu meiner Zeit? Als wäre die Zeit des Alters nicht mehr meine Zeit, als wäre ich gar nicht mehr vorhanden. Dann darf ich mich nicht wundern, wenn jüngere Zeitgenossen mich abschreiben, nicht mehr ernst nehmen. Bis zur letzten Stunde meines Lebens will ich weiterlernen. Das geschieht durch Fragen. Mancher meint, man hielte ihn für dumm, wenn er fragt. Wie töricht! Es gibt keine dummen Fragen. Dummheit ist einzig, sich einzubilden, man wisse jetzt genug.

Verstehen Sie mich nicht falsch, wenn ich sage: Bis zur letzten Stunde meines Lebens will ich lernen. Ich lebe nicht in dem Wahn, daß es ausgerechnet mir vergönnt sei, bis zur letzten Stunde eine Schule zu besuchen oder Kurse zu absolvieren. Ich meine hier vor allem: bis zur letzten Stunde leben lernen. Das wünsche ich mir nicht nur, dazu fühle ich mich herausgefordert. Mir werden die Jahre,

die vor mir liegen, geschenkt, damit ich weiter
lerne, mehr als einer, der schon früher heimgeru-
fen wurde. Vielleicht hat er schneller, besser gelernt als ich. Es unterliegt nicht meinem Urteil. Ich
habe schlicht meine Lebenslektion bis zum Ende
zu studieren.

Die Forderung, lebenslang zu lernen, ist heute ein-
leuchtend, da keiner mehr sagen kann, im Beruf
etwa: »Jetzt weiß ich alles, jetzt bin ich ausgebil-
det, jetzt ist Schluß mit Lernen – ich bin Meister.«
Weiterbildung im Beruf ist selbstverständlich.
Auch Umschulen, Umlernen, neues Lernen, wenn
alte Berufe verschwinden. Den Beruf des Bauern

halten Romantiker immer noch für althergebracht stabil. Gerade im Bereich der Landwirtschaft kann man den Wandel beispielhaft ablesen, die Notwendigkeit, sich umzustellen, neu zu lernen.

Zwar wächst heute auch die Einsicht, daß nicht alles Neue, nicht jeder sogenannte Fortschritt gut und heilsam ist. Alles auf dieser Welt hat seinen Schatten. Trotzdem bin ich überzeugt, daß jeder, der heute verzückt in die Vergangenheit blickt und von alten Zeiten schwärmt, rasch bekehrt in die Gegenwart heimkäme, wäre es ihm vergönnt, sich in einem früheren Jahrhundert umzuschauen. Da aber keinem ein solcher Rückflug möglich ist, bleibt uns gar nichts anderes übrig, als unsere Zeit anzunehmen, ihre Gaben zu empfangen, unsere Aufgaben in ihr und für sie zu erfüllen.

Also doch noch Mühe, Anstrengung auch im Alter? Die Verantwortung zu sehen, zu prüfen, zu unterscheiden, zu helfen hört nicht auf. Mitläufer zu sein, zu tun, zu lassen, was alle andern tun und lassen, was »man« läßt und tut und konsumiert, halte ich für verantwortungslos und verhängnisvoll. Jesus schickt uns auf den schmalen Weg, warnt vor der breiten Straße, die ins Verderben führt. Das heißt nicht, daß nur eine kleine Elite zum Heil gelangt und man getrost die große Zahl zum Teufel gehen lassen könne. Es ist vielmehr die Ermutigung, auch gegen den Strom zu schwimmen, wenn man erkannt hat, daß dies die richtige Richtung ist.

Manche ersparen sich das Fragen, lassen sich von den Medien täglich mit sensationellen Neuigkeiten überschwemmen und vergessen darüber, daß Medien stets nur Welt im Ausschnitt bieten können, nie die ganze Wirklichkeit. Sonst müßten die Zeitungen täglich dick wie Lexikonbände sein. Dem Radio und Fernsehen reichten 24 Stunden niemals aus, wollten sie alles senden, was immer geschieht. Darum können auch Nachrichten stets nur das Außerordentliche bieten. Glücklicherweise sind Unglück, Katastrophen, Verbrechen immer noch außerordentlich. Da solche Ereignisse, von denen man in früheren Jahrzehnten selten und spät erfuhr und jahrelang darüber redete, täglich geballt per Bildschirm ins Wohnzimmer kommen, behaupten Menschen, die nicht fragen, es gäbe heute auf der Welt nur noch Unglück, Katastrophen und Verbrechen. Und machen sich und anderen damit das Leben schwer und jammervoll. Daß man das Gute, Schöne, Friedliche, Wohltuende gar nicht zu melden braucht, weil es uns immer noch ordentlich, selbstverständlich ist, sollte uns ermutigen. Anteil nehmen, Fragen stellen, die ganze Wirklichkeit sehen lernen, das gehört zu den menschlichen Lebensaufgaben.

Staunen

Annehmen, Erwarten, Aufräumen, Loslassen, Fragen – die Themen dieses Büchleins über das Altwerden haben vielleicht doch noch den Beigeschmack von mühevollen Pflichtübungen. Warum auch nicht? Trägheit läßt Leib und Geist erlahmen. Schlaraffenland ist nicht bekömmlich. Doch Mühe um der Mühe willen ist auch nicht menschenwürdig. Annehmen, Erwarten, Aufräumen, Loslassen, auch das angenehme Ausruhen, das anstrengende aber interessante Fragen sind Vorbedingungen, Vorübungen für den Genuß der Freiheit im Staunen.

Ich hoffe zwar, daß niemand im Verlaufe seines Lebens das Staunen ganz verlernt hat. Aber vielleicht würde es doch verdrängt durch Anstrengungen, Forderungen, Eile, durch nur noch zweckhaftes Handeln. Oder es wurde erstickt durch Sucht nach Sensationen. Wer sich nur noch von Schlagzeilen mit roten Balken in entsprechenden Blättern mit Affären gekrönter Häupter oder »Stars« ernährt, hat kein Organ mehr für die Wunder seines wirklichen Lebens.

Nichts gegen den Gebrauch des Dienstes der Medien! – sie sind wie ein Supermarkt. Kein vernünftiger Käufer wird alles, was angeboten ist, in sei-

nen Wagen häufen. Er wird auswählen, was er braucht. Medien in Auswahl lassen Zeit zum Staunen, vielleicht gerade über Dinge und Menschen, die mir das Fernsehen in meine Stube bringt.
Ich nehme mein Alter, die geschenkten Jahre als Chance, das Staunen wieder zu lernen, es zu intensivieren. So mache ich mich bereit, mich stündlich von den Begebenheiten meines Alltags überra-

schen zu lassen. Von Amselstimmen in der Morgenfrühe beispielsweise. Ist es nicht zum Staunen, daß der Vogel, der von seinem Revier Besitz nimmt, so herrlichen Gesang zustande bringt? Zum innigen Staunen sind auch die Blüten der Blumen: nützliche Werkzeuge, die zu ihrer Bestäubung Bienen anlocken, damit Früchte heranreifen können. Sie sind nützlich und dabei so unglaublich schön, so unerschöpflich in der Fülle der Formen, Farben, Schattierungen und Nuancen.

Weiter! Warum schimpfen wir eigentlich über die Technik – wenn etwas schief geht oder nicht funktioniert? Warum staunen wir nicht öfter über das, was uns da mit leichtem Knöpfchendruck gelingt, weil Menschen ihren Geist anstrengten und zu Erfindern wurden? Licht, Wasser, Wärme oder Musik strömen uns einfach so zu.

Und wenn wir krank werden, wenn in unserem Körper etwas erlahmt? Warum werden wir erst dann aufmerksam und klagen tüchtig, anstatt uns im Wohlbefinden des Wunderwerkes Mensch mit allen seinen unbewußten Reaktionen der Muskeln, Drüsen, Nerven und Hormone zu freuen.

Warum lesen wir vor allem Illustrierte, die Klatschspalten der Regenbogenpresse und viel weniger die Dichter, die uns das Staunen lehren? Warum beschäftigen wir uns nicht voller Dankbarkeit und Lust mit dem Buch, in dem sich Gott uns selber offenbarte, mit der Bibel? Gewiß – es ist ein altes, großes Buch aus fernen, fremden Kulturen, und ohne Hilfe von Kommentaren kann man es nicht so ohne weiteres verstehen. Man muß fragen, sich vieles von der Bibelwissenschaft erklären lassen. Dieses Buch ist eine ganze Bibliothek in ihrer Vielfalt, nie ganz auszuschöpfen. Hätten wir uns das ausdenken können, daß sich Gott in solchen Bildern und Geschichten, in so menschlicher Sprache durch Menschen offenbart? Von theoretischen, abstrakten Sätzen wird der Glaube nicht lebendig, nur im staunenden Umgang mit diesen Geschichten des Alten und Neuen Testaments.

Über die Fähigkeit zu staunen werden wir aufmerksam für die Begegnungen, die Überraschungen unseres Alltags, für das Unvorhergesehene und das Gewohnte. Für Aufgang und Untergang der Sonne und der Sterne, für die Spiele des Windes, der Wolken, des Regens, für das, was wir Zufall nennen, weil es uns *Einer* zugeworfen hat. Jeder Mensch, der uns begegnet, ist, wenn wir aufmerksam sind, sehr zum Staunen – in seiner Originalität, in seinem Anderssein. Es ist nicht wahr, daß es langweilige Menschen gibt! Wenn ich ihnen mein Interesse schenke, werden sie interessant.

Im eiligen Vorübergehen, Ausweichen kann man allerdings nicht staunen. Doch jetzt, im Alter, habe ich ja Zeit zum Staunen und für die Menschen. Dann werde ich nie einsam sein, sondern jeden Tag neue Freunde finden.

Weitergehen

Kein Ruhe-Stand. Das Leben geht mit jeder Sekunde weiter. Ich gehe hoffentlich auch weiter, bleibe nicht stehen. Wenn ich loslasse – Dinge, Sorgen, Ballast, Eitelkeiten, auch Menschen – kann es mir gelingen. Auf dieser letzten Strecke Weges sollte ich drei Tugenden noch lernen: Toleranz, Humor und Realismus.

Toleranz klingt distanziert. Doch Toleranz meint nicht Desinteresse. »*tolerare*« heißt »ertragen«, »tragen«. Das ist schon schwerer. Es heißt auch »unterhalten«, nicht im Sinn von Zeitvertreib und Amüsement, sondern: für den Lebensunterhalt des anderen sorgen. So rückt die Toleranz der biblischen Nächstenliebe näher – mit dem Akzent, daß es auch Nächstenliebe ist, wenn man den andern in seinem Anderssein läßt und ihn nicht nach eigenen Vorstellungen dressieren will.

Und wie die Nächstenliebe der Bibel die Selbstliebe voraussetzt, so gibt es keine Toleranz mit anderen, wenn ich mich nicht selber zu ertragen verstehe. Denn das geschieht meist nicht aus respektabler Bescheidenheit, sondern aus gut getarntem Hochmut: Weil ich dem Idealbild, das ich von mir habe, doch nicht entspreche, kann ich mich nicht leiden. Beim Weitergehen auf der letzten Strecke wäre also zu lernen, wie ich mich mit mir selber versöhnen kann.

Toleranz gegen andere und sich selbst wird vom Humor gewürzt. Humor verzweifelt nicht an Kleinigkeiten. Er tritt zurück, sieht die Dinge aus der Distanz. Humor müßte der Weitsichtigkeit des Alters entsprechen. Wenn man zurücktritt, weiter sieht, verliert das Nahe die anmaßende Größe, wird es eingeordnet in das Ganze. Man kann vergleichen. Das ist oft erheiternd. Humor sieht nicht nur Schwarz und Weiß, sondern die vielen Farben der Welt, die Schattierungen und Nuancen, und kann über sich selber lachen.

Ein Mann mit viel Humor, der englische Dichter Chesterton, der die Gestalt des Father Brown erfand, fragt: »Warum können Engel fliegen?« Und antwortet gleich darauf: »Weil sie sich leicht nehmen.« Humor nimmt sich nicht so gewaltig wichtig. Menschen mit Humor sind nicht unbedingt Engel und können auch nicht fliegen, erfreuen aber sich und andere durch ihre Beschwingtheit: auch auf der letzten Wegstrecke, wenn die Füße allmählich erlahmen.

Und nun soll noch der Realismus eine Tugend sein? Es gibt natürlich Menschen, die für Realismus halten: nur ernst zu nehmen, was man berechnen kann und was Materielles einbringt. Sie täuschen sich. So arm sind Welt und Leben nicht. Der wahre Realist betrachtet die ganze Wirklichkeit und lebt in ihr, durchwandert sie gelassen interessiert gerade auf der letzten Strecke seines irdischen Lebens. Er hat die Lebenslügen und Wunschträume hinter sich gelassen. Der Realist hat viel gefragt und fragt immer weiter, um noch besser zu erkennen, noch mehr zu erfahren.

Wohl hat er nur ein Teil der ganzen Wirklichkeit erfahren. Aber das ist sein Teil und seine Wirklichkeit und seine Ernte, die nicht schwer zu tragen ist, ihm vielmehr den letzten Aufstieg – es kann auch ein Fallen sein – erleichtert. Denn er hat nun gelernt, daß er nicht perfekt sein muß. Er hat begriffen, daß er sein unvollendetes Leben, dies Stückwerk, vertrauensvoll abliefern darf. Daß ihm der

Vater doch entgegenkommt und seine Scherben zur festlichen Vollendung fügt.

Ein Aufstieg? Es kann auch ein Fall sein. Der Vater hebt ihn auf. Jeder hat Angst vor dem Sterben, vor Krankheit, Schmerz, Leid, Hilfsbedürftigkeit. Der Realist weiß, daß keiner je in seinem Leben ohne Hilfe anderer leben kann. Leibhaftig erfährt es mancher erst am Ende.

Und Gott? Da ist Ehrfurcht angebracht vor dem großen Liebenden. Angst würde ihn beleidigen. Sie käme ja wieder aus dem Mißtrauen, der Ursünde im Paradies, von der Schlange gesät: »Gott ist nicht gut«, will sie glauben machen. »Er gönnt euch nicht alles. Ihr müßt es euch selber stehlen.« Lesen wir doch in der Bibel. Sie verspricht: »Gott wird abwischen alle Tränen.«

Atmen

Das Lebensnotwendige, Lebensbegründende nehmen wir meist nur wahr, wenn Krankheit es be-
ängstigend begrenzt. Wer denkt schon viel, dankbar, an seinen Atem, wenn keine Atemnot ihn an-
ficht? Vielleicht ist das ganz gut so. Wollten wir
Atem oder Pulsschlag, auch Blutdruck, allzu häu-
fig kontrollieren, würde der spontane Fluß, der
natürliche Rhythmus verkrampft, gebremst oder
beschleunigt. Aber gelegentlich, in Ausruhezeiten
des Alters, dürften wir diese schlichten, lebens-
wichtigen Dienste unseres Leibes doch dankbar
beachten, genießen, uns ihrer freuen. Einatmen,
die unsichtbare Luft aufnehmen, in uns einströmen lassen. Gewiß, von Luft allein kann keiner leben. Doch ohne Luft wäre alles dem Erstickungs-
tod verfallen.

Atem – unaufdringlicher, spontaner Naturvor-
gang, kostbar, Geschenk. Die Bibel weiß es gut.
Genesis 2,7: »Da formte Gott, der Herr, den Menschen aus Erde vom Ackerboden und blies in seine
Nase den Lebensatem. So wurde der Mensch ein
lebendiges Wesen.« Lebensatem ist in der hebräi-
schen Sprache der Bibel *ruach* und heißt Atem,
Hauch, Wind, Geist, Geist Gottes, der im Anfang
über dem Wasser schwebt. Und auch im Griechi-

schen des Neuen Testaments ist *pneuma* Atem, Hauch, Wind, Geist, der Heilige Geist. Könnte nicht gelegentlich, in Alters-Ruhepausen, der Atem zum Gebet, zum Gruß für den Geist werden, der uns geschenkt ist?

Mein Körperatem und der Heilige Geist so nahe beieinander? Wir könnten wieder lernen, die heillose Spaltung in Geist und Leib zu überwinden. Sie ist nicht biblisch. Wenn in der Bibel Geist und Fleisch unterschieden werden, wird nicht der Mensch zerlegt. Fleisch meint da den Menschen, der sich – mit Leib und Seele, gerade der Seele – gegen Gott verschließt. Geist dagegen ist wieder der ganze Mensch mit Fleisch und Blut, der den Geschenken Gottes sich in Freude öffnet.

Erinnerung an den Heiligen Geist beim schlichten Atmen. Einatmen, Luft einströmen lassen. Aber noch wichtiger ist das Ausatmen, Leerwerden, Loslassen. Gründlich, langsam. Und ein wenig leer bleiben, nicht gleich wieder gierig, hastig nach der Luft schnappen. Viel mehr den Atem und die Luft kommen lassen. Viel mehr geschehen lassen, ohne Krampf. Unsere Großväter hielten noch streng aufrechte Haltung, Brust heraus, den Spazierstock über den Rücken und durch die Armbeugen, für gesund. Ärzte heute lächeln darüber. Nein, bitte, ganz natürlich, bergan lieber ein wenig gebückt. Es geht viel leichter. Und der Rücken atmet mindestens so gut wie die Vorderfront. Keine äußerlichen Gesundheitsanweisungen! Das

alles hat auch mit dem Geist zu tun, mit dem ganzen Menschen.

Ausatmen, einatmen, aufnehmen, ausgeben ist der rechte Wechsel. Ich erfahre es.

Ich werde es mit wachsendem Alter immer besser lernen, daß ich ein abscheulicher Egoist werde, wenn ich immer nur einnehmen, aufnehmen, Besitz anschaffen, häufen, horten will, bis mir keine Atemluft mehr bleibt, weil ich in meinem prunkenden Gerümpel ersticke. Aber ich lerne auch, daß ich nicht immerzu nur ausgeben, mich ausgeben, weggeben kann, weil ich dann eine leere Hülse werde. Ich muß unterscheiden zwischen Hektik, oberflächlicher Geschäftigkeit und der Offenheit für andere. Übermüdet, abgehetzt und ausgeleert kann ich andern keine Hilfe, keine Freude, keine Fülle bieten.

Ich muß immer wieder einatmen, atmen, einfach dasein, zu mir kommen, mich besinnen, aufnehmen. Viele interessante Formen werden mir geboten, Meditationen aller Art aus allen Weltteilen. Ich freue mich an der Fülle der Welt und ihrer Formen, an der Vielfarbigkeit der Menschen und ihrer Kulturen. Ich erfahre, lerne gern Fremdes kennen. Doch fühle ich mich nicht verpflichtet, sämtliche exotischen, von Wellen angeschwemmten Methoden zu probieren. Meine Knie verbieten mir, Zen- oder andere Sitze einzuüben. Meditieren gern: etwas zweckfrei anschauen, betrachten. Zweckfrei, ohne die Frage: Was fange ich damit an? Was bringt es mir? Natur, Formen, Farben, Menschen meditieren, Worte eines Dichters, eines Weisen, aus der Bibel. Damit komme ich mein Leben lang nicht an ein Ende.

An einen Menschen liebend denken, beten, das
Gebet, das Jesus lehrte. Meine Tage sind zu kurz,
es ganz zu füllen. Oder einfach vor Gott da sein,
wieder mich erinnern, daß er mich immer liebend
anschaut. Und spüren, was Mechtild von Magde-
burg vom Gebet sagt:

> Es macht ein sauer Herz süß,
> ein traurig Herz froh,
> ein armes Herze reich,
> ein dummes Herz weise,
> ein ängstliches kühn,
> ein krankes Herz stark,
> und ein blindes sehend
> und eine kalte Seele brennend.
> Es zieht den großen Gott hernieder
> in ein kleines Herz
> und treibt die hungrige Seele hinauf
> zu dem reichen Gott.

Hören

Hören? Ausgerechnet im Alter? Wenn das Gehör nachläßt, zuerst die hohen Töne schwinden? Wenn man genötigt ist, das Radio so laut einzustellen wie die Jungen, über die man sich beschwerte. Schwerhörigkeit beschwert. Man sieht die Menschen sprechen, sieht Reaktionen ihrer Mienen, Erstaunen, Schrecken, Fröhlichkeit. Warum sind sie erstaunt, erschrocken, fröhlich? Was haben sie gehört? Zwar gibt es nützliche Apparate. Nicht jedem scheinen sie zu helfen. Man muß sie immer wieder anpassen, verstellen. Wenn einer deutlich spricht, ist alles gut. Wenn die Gesellschaft vorlaut durcheinanderredet, ergießt sich in das apparatverstärkte Ohr ein Trommelfeuer. Und da soll mir das Hören guttun?

Es stünde der Gesellschaft sehr gut an, das Gehör ihrer Mitmenschen aufmerksam zu beachten: laut, deutlich, nicht zu schnell zu sprechen. Man sollte die Gesellschaft, als alter Mensch, mit zäher Geduld dazu erziehen. Meist werden auch Gedanken klarer, wenn der Mund nicht nuschelt. Was einer nicht laut auszusprechen wagt, bliebe meist besser ungesagt. Und weniger hellhörige Ohren mögen auch Schutzflucht vor der Dauer-Lärm-Berieselung unserer Tage sein.

Auch wenn ich niemals Leib und Seele trennen möchte, habe ich beim Hinweis auf das Hören, beim Preis des Hörens jetzt doch mehr das innere Ohr im Sinn. Das Ohr des Geistes und des Herzens, von dem der junge König Salomo spricht und darum Gott gefällt. Er bittet nicht um langes Leben, Reichtum, Tod der Feinde, sondern um ein hörendes, hörsames Herz. Gott nennt das Einsicht, ein weises und verständiges Herz. In seinen späteren Jahren ist der König nicht immer diesem Herzen gefolgt. Wurde sein Herz schwerhörig?

Hören führt zum Gehorsam. Gehorsam fängt beim Hören an. Es ist derselbe Wortstamm. Gehorsam klingt nicht sehr modern. Er wurde mißbraucht, herabgewürdigt. Und wem soll ich als alter Mensch, womöglich ganz auf mich gestellt, denn noch gehorchen? Etwa der sogenannten Öffentlichen Meinung, der Werbung und den Ideologien, den Moden, Trends, der Diktatur des »man«: was alle tun und lassen, konsumieren, treiben? Das wäre feige Drückebergerei, fern von Gehorsam. Wem dann gehorchen? Den Gesetzen? Den Zehn Geboten? Sicher. Sie schützen mich, sichern mein Leben, weisen mir zuverlässige Wege. Aber nicht jeder Schritt auf meinem Lebensweg ist mir von Wegweisern angezeigt. Die interessante Wanderung des Lebens ist voller unvorhergesehener Überraschungen. Da wird der hörende Gehorsam vom Ohr dem Auge anvertraut, daß es die Wirklichkeit sehe und ich entsprechend handle.

Die ganze Wirklichkeit, nicht eine erträumte, bequem ersehnte, vorgegaukelte. Auch nicht die meist erschreckenden Wirklichkeits-Ausschnitte der Medien, sondern mein ganz reales, alltägliches Leben mit den Erfahrungen, Begegnungen, Befindlichkeiten, die mir der liebende, doch nicht verwöhnende Vater als Gaben und Aufgaben an den Weg legt oder in den Weg stellt. Sie anzunehmen, aufzunehmen, recht zu reagieren, ist Gehorsam. Wie oft wird da mein Plan gestört. Wie gerne möchte ich da öfters Auge, Ohr und Herz verschließen, vorübergehen, auf Seitenwege ausweichen, davonlaufen. Warum bin ich so dumm? Warum traue, vertraue ich nicht, daß sich gerade in den richtig, offen, gehorsam angenommenen Überraschungen, den Störungen meines Trotts mein Leben erfüllt?

Man sollte immer wieder den Samariter in Jesu Gleichnis anschauen. Der Überfallene am Weg war ihm ganz sicher kein erfreulicher Anblick. Auch störend. Er war doch sicher in Geschäften unterwegs, mit einem Ziel, vielleicht einem Termin. Jetzt diese Störung, dieser Aufenthalt. Aber der Vorbeigehende läßt sich aufhalten, von Mitleid gerührt. Und handelt nun gehorsam, das heißt: der Wirklichkeit entsprechend, klug. Er läßt sich nicht vom Mitleid lähmen, stimmt keine Klage an über die Räuberplage und mangelhaften Polizeischutz, sondern gibt Erste Hilfe, befördert den Verwundeten zur Herberge, die damals auch als Notfallkrankenhaus zu dienen hatte, delegiert die Pflege an den Wirt, baut die Kontrolle ein, daß er auf seinem Rückweg schaut, was er noch schuldig ist, darin eingeschlossen: ob der Wirt richtig gesorgt, gepflegt hat. Der Samariter lebt es vor, daß der Gehorsam keine Knechte-Haltung, sondern besonnene Klugheit ist. Das ist die Tugend, die zu lernen uns jedes weitere Jahr geschenkt ist: das Gute, das der Wirklichkeit Entsprechende gern, leicht, ganz selbstverständlich, klug zu tun.

Vernehmen

Das ist eine noch intensivere Weise des Hörens. Ich höre nicht nur Worte, sondern ihren Sinn. Was hat das zu bedeuten –, mir zu sagen? Was ist das für ein Aufruf? Vielleicht zur Korrektur meines Verhaltens? Oder zur Umkehr? Bin ich auf dem richtigen Weg? Ist das, was ich da höre, vernehme, Warnung, Signal, Verlockung, Reiz zum Guten oder zum Bequemen? Möchte ein Mensch, der oberflächliche Dinge mit mir spricht, mir etwas anderes, Wichtigeres sagen, sucht er meine Hilfe? Nicht nur mein Ohr ist jetzt gefordert, sondern die Wachsamkeit, Fühlsamkeit, Behutsamkeit meiner Sinne, meines Herzens.

Noch etwas weiteres: Um zu vernehmen, muß ich die Vernunft gebrauchen. Es ist ein Wechselspiel: Durch aufmerksames Hinhören, Aufnehmen, Vernehmen erwacht und wächst, übt sich meine Vernunft. Mit so geübter, genährter, erzogener Vernunft kann ich viel feinfühliger, wachsamer vernehmen, entdecke ich die Zeichen, die Signale der Wirklichkeit, ihre Bedürfnisse und Gefahren, Anfragen und Angebote besser. Vernunft hat sicher mit Nüchternheit zu tun, ist aber nicht, wie manche meinen, bieder phantasielos.

Man muß Vernunft heute verteidigen, weil sie mit sturem Starrsinn, Stehenbleiben, Verteidigen des gestrigen oder gegenwärtigen Zustands verwechselt wird. Manche halten sich selber für vernünftig, wenn sie nichts aus der Ruhe bringt, auch nicht zum Staunen, wenn gesichert scheinendes Einkommen und schmerzloser Körperzustand einzig des Interesses wert sind. Andere verteufeln die Vernunft zusammen mit der Ratio, »Verkopfung« und wie die Feindbegriffe der gefühligen Welle heute heißen, die von der Brutalitätenwelle im Fernsehen, im Film, vor allem auf Video, ergänzt wird.

Vernunft vernimmt die Wirklichkeit und handelt entsprechend. Jesus ist Meister und Lehrer der Vernunft. Gerade in der oft so mißverstandenen Bergpredigt. Wenn er empfiehlt, dem, der mich auf die eigene Backe schlägt, die andere hinzuhalten. Ich höre den Protest: Wo kämen wir da hin? Wir würden ja für dumm verkauft! Eine unmögliche Forderung, erst in einem vollendeten Friedensreich zu verwirklichen! Nein, jetzt, gerade hier. Versuchen Sie es doch! Man wird nicht immer auf die Backe geschlagen. Schläge mit bösen Worten können schmerzlicher treffen. Wäre es da vernünftig, mit gleicher Münze heimzuzahlen, die Kettenreaktion des Schlagens und Geschlagenwerdens fortzusetzen? Entspräche da nicht vielmehr der Vernunft, die Schläge der Beleidigungen, der harten, bösen Worte gelassen auszuhalten, Ruhe zu bewahren, Vernunft zu üben, die unvernünftigen Reaktionen zu beenden?

Die ganze Bergpredigt ist ein erfrischendes, befreiendes Lob erwachsener Vernunft bis zu dem Lob der Klugheit am Ende: vom Bau des Hauses auf soliden Felsen statt auf Sand, von wo der Wolkenbruch es wegfegt.

Es wird, gerade auch von Frommen, oft vergessen, daß Klugheit eine Tugend ist: der klare Blick, das ungetrübte Vernehmen der Wirklichkeit. Daß Klugheit nicht mit tückischem Raffinement zu tun hat. Einfältig wie die Tauben, klug wie die Schlangen will Jesus seine Jünger – uns. Dazu gehört natürlich Mut, Vertrauen, Selbstvertrauen. Vertrauen zum Geist, der uns gegeben ist. Und die Bereitschaft, Aufmerksamkeit, ihn zu vernehmen. Glauben wir Christen überhaupt, wie wir es doch bekennen, dem Heiligen Geist? Glauben wir Jesus, der ihn uns zusagt? Warum bemühen viele Christen für jede Entscheidung gleich die amtlichen Instanzen, die Hirten, Oberhirten: Da müßte der Bischof einen Hirtenbrief schreiben! Warum nimmt die Kirche da nicht Stellung? Und mit der Kirche ist gleich der Papst gemeint. Und wenn er sich äußert, paßt es vielen wieder nicht. Sind wir so unmündig, kleingläubig, Jesus und dem Heiligen Geist mißtrauend? Jeder Getaufte ist doch Kirche, an seiner Stelle so verantwortlich wie Bischöfe, Päpste an der ihren.

Der originelle Jesuit Mario von Galli hat nach dem Konzil jene belehrt, welche die Bischöfe kritisierten, sie gingen zu langsam oder zu schnell voran. Wer so redet, sagte von Galli, hat noch nie eine Herde mit ihrem Hirten gesehen. Der Hirte geht doch meistens gar nicht voran, sondern hält sich hinter seiner Herde auf. Hätte er sie hinter sich, könnte er sie nicht hüten. Nein, die Schafe gehen voran und suchen sich selbständig die gesunden Kräuter. Und der Hirte, hinten, schaut. Und wenn die Schafe an einen Abgrund, Fluß, eine Autostraße geraten, schickt er ihnen den Hund nach.

So kann ich als Schaf, Laie in der Kirche vertrauend meinen Weg gehen. Gerate ich in Gefahr, schickt mir der Hirt schon den Hund nach, der mich nicht beißt, sondern mit Gebell vor Schaden bewahrt.

Bequemer wäre es natürlich, bloß hinterdreinzutrotten und den Hirten zu verklagen, wenn die Kräuter mir nicht schmecken. Gott aber hat seine Menschen frei geschaffen, respektiert ihre Freiheit mehr, als es ihnen selbst oft gefällt, so daß sie fragen, klagen, warum er nicht dazwischenfahre, mit seiner Allmacht eingreife. Die Menschen reden viel von Freiheit, fordern sie und machen von ihr wenig Gebrauch. So viele schauen leider mehr auf Nachbarn, rechts und links, als auf den eigenen Weg, trotten mit, als Mitläufer, statt selbst zu wählen, zu entscheiden, mit eigener Vernunft, nach richtigem Vernehmen.

Denn Freiheit ist natürlich keine Willkür, sondern der Mut zur an der Wirklichkeit orientierten Entscheidung, das Risiko der Fehlentscheidung eingeschlossen, die ich dann eingestehen muß, deren Konsequenzen ich tragen muß. Das ist der nie zu teure Preis der einzig menschenwürdigen Freiheit: daß ich Verantwortung und Schuld für meine Wahl nicht auf andere wälzen kann.

Vertrauen

Heute vertrauen? Wem denn? Worauf denn? Die Welt wird doch verdorben. Man fragt mich, ob ich niemals fernsehe, nicht Radio höre, keine Zeitung lese, wenn ich noch zu lachen wage und von Vertrauen spreche. Bücher und Film mit Schreckenstiteln sind Renner. Jeder Hauch von Optimismus wird als Schönfärberei, bornierte Ignoranz verdächtigt. Beim Blasen der Unheilsposaunen sind sich alte und junge Menschen einig. Die Jungen sehen ihre Anspruchs-, Verwöhnungs-Welt bedroht. Ältere vergleichen alle extremen, auffallenden Unarten und Lästigkeiten unserer Tage mit einem Idyll von guter alter Zeit, die nur in der Erinnerungs-Sonne glänzt, deren Schatten, Düsternisse das freundliche Gedächtnis verdrängt oder vergoldet hat. Schriftstellern mittleren und höheren Alters stehen mehr Worte der Kritik, des Ekels als des Danks, des Glücks, des Wohlbefindens zur Verfügung.

Natürlich sind die Medien voll von Schrecklichem und Bösem. Sie müssen doch das Außerordentliche melden. Ist es nicht tröstlich, daß das Böse noch immer außerordentlich und darum meldenswert ist?

Kein Mißverständnis: Unsere Erde war nicht, ist
nicht, wird niemals ein Paradies sein – was viele
auch wieder mit einem trägen Schlaraffenland ver-
wechseln. Schönfärberei ist verantwortungslos le-
bensfern wie Illusionen, Luftschlösser, Träume;
Kritik – richtig verstanden als Unterscheidung,
nicht als Nörgelei – ist immer Anstoß zum Bes-
sern, Helfen, Heilen. Demonstrationen aller Art
bewegen, wie Signale, lange Verschlamptes.
Nein, das Vertrauen ist nicht träge Schläfrigkeit.
Ich habe, vertrauend, meine Sinne nicht verschlos-
sen, meinen Verstand nicht lahmgelegt. Ich werfe
Freiheit, damit Verantwortung, Risiko nicht von
mir. Ich freue mich an meiner Aufgabe, an dem

Versuch, dem kein Erfolg versprochen ist, in mir, um mich, soweit ich reiche, Frieden und Gutes zu säen, wachsen, blühen zu lassen. Die Samen dazu sind mir anvertraut. Ich darf sie nicht vertrocknen lassen.

In diesem unauffälligen, aufmerksamen Dasein, Wirken bleibt mir nicht viel Zeit zum Schwarzsehen, Jammern, Klagen, Mich-Bedauern, Ängste-Steigern. Es wird mir mindestens nicht zum Lebensinhalt, zum warmen Bad, genüßlich verdrossen darin zu plätschern.

Noch einmal: kein Verdrängen, kein Wegschauen, keine süßen Lügen! Sie sind kein Trost, sondern Gift. Aber ich will die ganze Wirklichkeit sehen: die größere, andere, die niemals in den Medien vorkommt, weil sie sich nur original den Sinnen, dem Verstand, dem Herzen zeigen kann. Dann gewinne ich das rechte Maß für meine Lust und meine Angst, Lachen und Weinen, Freude, Schmerz, ohne die das Menschenleben nicht lebendig bleibt, wie Pflanzen nicht ohne die Sonne und den Regen. Dies ist doch die Erfahrung: Wenn ich mich in der guten Stunde ganz der Freude auftue, ihr jetzt für diese Stunde ganz vertraue, werde ich auch für das Dunkel und den Schmerz die Kraft gesammelt haben, sie durchzustehen.

Jesus gibt uns den guten menschenfreundlichen Rat, keine absonderliche asketische Forderung, wenn er ermutigt: Sorget nicht für morgen. Seid jetzt ganz da. Er meint doch nicht, daß wir nicht für den Sonntag einkaufen dürften, aus der Versicherung auszusteigen hätten, bei finsterem Wolkenhimmel den Schirm zu Hause lassen müßten. Er will nur, daß wir leben, das heißt: *da sind,* jetzt ganz da sind, nicht immer schon mit Kopf und Herz in einem Morgen, das stets anders als erwartet aussieht oder vielleicht überhaupt nicht eintrifft.

Ich weiß nicht, wieviel Leben, kostbares mir von Gott geschenktes Leben, mit seinen Überraschungen, Begegnungen, Aufgaben ich schon versäumte, weil ich nicht da, nicht gegenwärtig war, sondern für morgen plante, sorgte. Ich will von Rabbi Hillel lernen, der über seinen Studiertisch schrieb: »Wann, wenn nicht jetzt?« Sein anderer beherzigenswerter, gut sichtbar anzuschreibender Wahlspruch: »Wer, wenn nicht ich?« Nicht immer nur: Die andern sollten!

Wir wissen, daß es immer anders kommt. Wozu dann dieses angstvoll lähmende Planen, Starren auf Morgen, Übermorgen, Irgendwann? Nur aus dem gut und wach gelebten Heute kann ein gutes Morgen wachsen. Es ist maßloser Hochmut, Überforderung, sich einzubilden, daß man für sehr lange Zeiten planen könne. Wie viele hochtrabende Pläne, persönliche und öffentliche, hochpolitische, haben wir scheitern, sich ins Gegenteil verkehren sehen. Lernen wir doch daraus, damit wir nicht immerzu planend in Hektik oder Depression verfallen.

Vertrauen ist kein unerfahrener Leichtsinn, sondern die realistische Einsicht und das Eingeständ-
nis, daß wir Menschen sind und uns nicht planend
sichern können. Mit den schönsten Plänen nichts
dagegen unternehmen können, daß unser Leben
überraschend, kostbar, aber immerzu gefährdet ist
und ganz gewiß auf dieser Welt zu Ende geht. Das
ist das einzige, das wir sicher wissen: daß wir sterben werden.

Wenn wir glauben, dann vertrauen wir, daß Gott
uns will und hält und auffängt, daß er immer unser
Bestes, unser Wohlergehen, unsere Reife, unser
Heil will – nicht verwöhnend, das wäre nicht zu
unserm Heil, sondern uns liebend. Es ist entsetz-
lich traurig und Gotteslästerung, wenn immer nur
vom Willen Gottes gesprochen wird, wenn Menschen Schmerzliches trifft, als ob der Vater, den
uns Jesus fast unbegreiflich liebend zeigt, Sadist
und Prügelmeister wäre. Woher denn all das Gute,
das wir täglich vor allem erleben, das wir aber bla-
siert, verwöhnt, ganz selbstverständlich nehmen,
gar nicht beachten?

Eine schöne, große, endgültige Aufgabe des Alters wäre, die Ursünde des Mißtrauens, die Versuchung der Schlange endlich loszulassen: die schlimme Vorstellung vom neidischen, hämischen Gott. Und das Vertrauen wachsen, blühen, reifen zu lassen zum Vater, der uns überschwenglich entgegenkommt.

Inhalt